JOSEP CHECA

Dones de foc

Mujeres de fuego

© Témenos edicions, SCP
© dels poemes, Josep Checa
© de les pintures, Esther Tenedor
© de les fotografies, Quim Dasquens
© de l'epíleg, Joan Navarro

Témenos edicions
C/ Robrenyo, 26, 2-1
08014 Barcelona
www.temenosedicions.com

ISBN: 978-84-127317-7-4
1a edició, març 2023
Dipòsit legal: B 6606-2024

Imprès a DC Plus, serveis editorials, scp
C/ La Fusta - Polígon Can Sunyer
Sant Andreu de la Barca - Barcelona

a l'Esther,
la dona savina

Prometo que me sobrevivirás
Clive James
(traducció de Luis Castellví Laukamp)

LA FELICITAT

ha tornat com les rates al graner
per damunt dels somnis
ensutjant els dies festius i el silenci domèstic

no sabíem que érem feliços
                    no ens calia saber-ho

ha tornat famèlic des de la fosca del cos

la destralada a la soca tendra

el pes de la pena
en cada paraula que no dic

LA FELICIDAD

ha vuelto como las ratas al granero
por encima de los sueños
tiznando los días festivos y el silencio doméstico

no sabíamos que éramos felices
                    no hacía falta saberlo

ha vuelto hambriento desde la oscuridad del cuerpo

el hachazo al tronco tierno

el peso de la pena
en cada palabra que no digo

L'ESPASA

perquè em llevi un cop més
els capcirons de les branques del teu coratge
em graten els vidres de la finestra

dins la foscor humida de l'alba
el xivarri insolent de les merles
i un cep estrenyent la meva esperança

m'ensenyaràs a viure amb el teu dolor?
com si et clavessin una espasa

dius

LA ESPADA

para que me levante una vez más
las puntas de las ramas de tu coraje
me arañan los cristales de la ventana

en la oscuridad húmeda del alba
el alboroto insolente de los mirlos
y un cepo estrujando mi esperanza

¿me enseñarás a vivir con tu dolor?
como si te hincaran una espada
                                    dices

EL PECAT

les sabatilles gastades
esbarriades pel cancell

un got d'aigua sobre la tauleta

unes breus anotacions
i una novel·la d'amerindis

les teves coses
al costat de les meves

la llum sense memòria del matí
que s'escola fins a llepar
el costat buit del llit

he somiat
                foll de mi
que ja només et somiava

EL PECADO

las alpargatas gastadas
revueltas en el zaguán

un vaso de agua sobre la mesita

unas breves anotaciones
y una novela de amerindios

tus cosas

la luz sin memoria al alba
que se cuela hasta lamer
el lado vacío de la cama

he soñado
           loco de mí
que ya solo te soñaba

LA POR DE LA DALLA

he perdut els ulls dintre els teus

he perdut els ulls dins una veritat
                    incontestable
i ara miro sense veure
com quan el verd de l'herba negra
colga els rocs
que oscaran la dalla

hi ha d'haver algun indret
amb una casa semblant a la nostra
on cap esperança no hi faci niu eixorc

EL MIEDO DE LA GUADAÑA

que no es el temor lo que nos acobarda
sino la resistencia a aceptarlo.

Tere Irastortza

he perdido los ojos dentro de los tuyos

he perdido los ojos dentro de una verdad
                                    incontestable
y ahora miro sin ver
como cuando el verde de la hierba negra
sepulta las piedras
que mellaran la guadaña

debe haber algún lugar
con una casa parecida a la nuestra
donde ninguna esperanza haga nido estéril

LA LLENGUA DELS SAVIS

parlen amb mots incerts
com ara compatible
                    o suggestible

mots que de sobte deturen l'oreig
que pentinava les fulles del jardí
del pavelló d'urgències

fins i tot
            cessen els vents alisis
que a l'altra banda del món
sostenien un albatros vagabund
sobre les ones del Mar del Corall

LA LENGUA DE LOS SABIOS

hablan con palabras inciertas
como por ejemplo compatible
                    o sugestivo

palabras que de golpe detienen la brisa
que peinaba las hojas del jardín
del pabellón de urgencias

incluso
            cesan los vientos alisios
que al otro lado del mundo
sostenían un albatros vagabundo
sobre las olas del Mar del Coral

FULL DOMINICAL

el teu arròs *pilav*
és el més fàcil recurs
d'alguns diumenges

un branquilló de farigola
i mentre s'acaba de coure
surts amb un llibre al porxo

com gris borrissol esclarissat
sota el mocador uns tristos cabells

t'hi passes la trèmula mà
i mires el cel
                      un altre cel

el d'abans ja no existeix

HOJA DOMINICAL

tu arroz *pilav*
es el recurso más fácil
de algunos domingos

una ramilla de tomillo
y mientras termina de cocerse
sales al porche con un libro

como pobre vello gris
unos tristes cabellos debajo del pañuelo

lo acaricias con la mano temblorosa
y miras el cielo
                              otro cielo

el de antes ya no existe

EL TEU SOMNI AMERICÀ

els colors de la llum de biaix
quan reposa sobre els roures

la praderia i el teu cavall
abeurant-se en el rierol

la teva mirada com el neguit
del colibrí per abastar corol·les

el teu somni que s'envola
sobre les pastures dels bisons

el teu cos en el meu somni
on res no el pot vèncer

TU SUEÑO AMERICANO

los colores de la luz sesgada
cuando reposa sobre los robles

la pradería y tu caballo
abrevándose en el riachuelo

tu mirada como el desasosiego
del colibrí para abarcar corolas

tu sueño echando a volar
sobre los pastos de los bisontes

tu cuerpo en mi sueño
invencible a todo

CEL TAPAT

com aixequen el musell les bèsties
vaig aprendre a flairar l'aire:
                          els llevants humits
el preludi somort de les tamborinades
                          la negror que es congria
rere el teu gest absent

el meu silenci a canvi del teu silenci

a camp ras
                          sense més recer
que l'aixopluc del meu cos:
aquest rònec cobert
de llàgrimes ofegades

CIELO ENCAPOTADO

como las bestias levantan el hocico
aprendí a olfatear el aire:
        el húmedo viento de levante
el tenue preludio de las tormentas
                la negrura que se fragua
detrás de tu gesto ausente

mi silencio por tu silencio

al raso
                        sin más amparo
que el cobijo de mi cuerpo:
este ruinoso cobertizo
de lágrimas ahogadas

ESQUERDES

des de la consciència exahusta
de bressolar el teu dolor
miro de reüll per la finestra

deu ésser així
com els morts veuen el món

però ja sense por

GRIETAS

desde la conciencia exhausta
de mecer tu dolor
miro de reojo por la ventana

debe ser así
como los muertos ven el mundo

pero ya sin miedo

COSES PER FER

saps com s'ha de caminar
sobre una teulada de dos segles?

com un camaleó?

més tard que d'hora cridarem els paletes

passarà el nostre temps fins que algú
com nosaltres
es pregunti qui ho va manar fer

un cop a la vida
també és costum endreçar les golfes
— dalt de tot, en deien els avis—
plenes dels polsegosos tresors dels morts

només ens cal sobreviure

COSAS PENDIENTES

¿sabes cómo andar
por un tejado de dos siglos?

¿cómo un camaleón?

más tarde o más temprano avisaremos a los albañiles

pasará nuestro tiempo hasta que alguien
como nosotros
se pregunte quien lo mandó hacer

una vez en la vida
también es costumbre ordenar el desván
—en lo más alto, decían los abuelos—
lleno de los polvorientos tesoros de los muertos

solo tenemos que sobrevivir

MANIOBRA DE DISTRACCIÓ

com la perdiu allocada dins la brosta
que pressentint el perill
d'una revolada surt a topar-hi
i ostenta l'engany de semblar eixalada
                              de cos reprès
              de bec badat

per terra ella sola i l'alè de la mort
          el delit de l'ullal que degota
i la forta embranzida de l'au valenta
que es perd entre els rostolls

MANIOBRA DE DISTRACCIÓN

como la perdiz enclocada en la hojarasca
que presintiendo el peligro
en un revuelo sale a afrontarlo
y exhibe el engaño de parecer alicortada
                              de cuerpo envarado
          de pico abierto

por tierra ella sola y el aliento de la muerte
              el deleite del colmillo que gotea
          y el fuerte impulso del ave valiente
que se pierde entre los rastrojos

EL SILENCI DE SEIFERT

Commou de vegades més que la música.
Jaroslav Seifert
(traducció de Monika Zgustová)

aquest silenci del captard a casa

la rendició de la consciència

abraçada a la pau de la son
            les seves mans
flors de lotus dessecant-se
reposen mig closes
                exhaustes

les ungles
            toves i blaves
amenacen una immediata defenestració
com les dels nens famèlics
que corren pels carrers de les guerres

una llum crepuscular l'embolcalla
i l'allunya de mi

            on vas tan sola?

EL SILENCIO DE SEIFERT

Conmueve a veces más que la música
                    Jaroslav Seifert

este silencio del atardecer en casa

la rendición de la conciencia

abrazada a la paz del sueño
                    sus manos
flores de loto desecándose
reposan entreabiertas
                    exhaustas

las uñas
            blandas y azules
amenazan una inmediata defenestración
cómo las de los niños famélicos
que corren por las calles de las guerras

una luz crepuscular la envuelve
y la aleja de mí

            ¿dónde vas tan sola?

LA NIT DE LA MUSARANYA

apago la bombeta
                    dono la bona nit
al silenci que no coneix el teu domicili
—es perd pel món
com s'han perdut els meus somnis—

un gat mesquer enlaira el musell

una diminuta musaranya salta d'un mac
                    i ensuma el rastre d'un cuc

es desplega el joc damunt la taula de l'insomni

vetllo el neguit que remou les peces
la derrota és imminent
                            jo soc el cuc

LA NOCHE DE LA MUSARAÑA

apago la bombilla
                    doy las buenas noches
al silencio que no conoce tu domicilio
—se pierde por el mundo
cómo se han perdido mis sueños—

una jineta levanta el hocico

una diminuta musaraña salta de un guijarro
                    y olfatea el rastro de un gusano

se despliega el juego en la mesa del insomnio

velo la ansiedad que remueve las piezas
la derrota es inminente
                    yo soy el gusano

NEGAR LA PRIMAVERA

a contrallum de la boca cega del cobert
es delata la frugal nevada

els borralls i els pits blancs de les orenetes
que s'ho miren arrupides sota la barbacana

és abril i encara no he vist la llum descloure's
dins el cant de les merles
                          ni allargassar-se
entre les escorces lunars de l'albera incipient
i el groc dels geomètrics sembrats de colza

tot és mentida

que m'ho diguin els teus ulls despoblats
que m'ho diguin ells
                     que és primavera

NEGAR LA PRIMAVERA

a contraluz de la boca ciega del cobertizo
se delata la frugal nevada

los copos y los pechos blancos de las golondrinas
que observan acurrucadas debajo del alero

estamos en abril y aún no he visto eclosionar la luz
en el canto de los mirlos
                              ni tenderse
entre las cortezas lunares de la incipiente alameda
y el amarillo de las geométricas sementeras de colza

todo es mentira

que me lo digan tus ojos despoblados
que ellos me lo digan
                           que es primavera

LA CULPA ÉS DEL CODONYER

un codonyer florit malviu en el marge
                    trabocat sobre el bladar
mig colgat de bilorda

vell com la pols perduda de qui el va plantar
ofereix als borinots les flors rosades
que l'aire aleteja i escampa

ara
           quan em dius que els budells
se't regiren com carn picada dins la pastera
i les ungles et són bivalves podrint-se
les flors del codonyer emmudeixen els versos

no sé per què n'he escapçat uns branquillons
                    com acostuma a fer la gent
per veure'ls esllanguir dins un got d'aigua

LA CULPA ES DEL MEMBRILLO

un membrillo en flor malvive en el ribazo
                    inclinado sobre el trigal
medio sepultado por la broza

viejo como el polvo perdido de quien lo planto
ofrece a los abejorros las flores rosadas
que el aire aletea y esparce

ahora
cuando me dices que las tripas
se te remueven como picadillo de carne en la amasa-
dera
y las uñas son bivalvos pudriéndose
las flores del membrillo enmudecen los versos

no sé por qué he cortado unas ramillas
    como tiene por costumbre la gente
para verlas languidecer en un vaso de agua

LA REALITAT

només m'imagino aquesta alenada de perfum
                                que ve d'enlloc

aquest xàfec sobtat sobre l'espatlla
de l'home vell que esporga les tomaqueres

però no hi ha ningú a l'hort

                ni hort ni bassa

no hi ha parra ni pàmpols traspassats
per una llum que no és llum
ni aflama cap regalim de cap broc de canya

si tot és erm
                        runes
                                ni runes

LA REALIDAD

solo me imagino este soplo de perfume
                    que viene de ninguna parte

este súbito aguacero sobre la espalda
del hombre viejo que desbrota las tomateras

pero no hay nadie en el huerto

                    ni huerto ni alberca

no hay parra ni pámpanos traspasados
por una luz que no es luz
ni enciende reguero alguno de ninguna boca de caña

si todo es yermo
                    ruinas
                                        ni ruinas

ESTAT DE GUERRA

passo la mà pel teu cap rapat

palpo l'escalfor del coratge
allà on les arrels et mortifiquen
i moren com nonats

acaricio la teva pell que s'enfutisma
i es revolta enrogida
contra les burxes dedins

és el cos qui s'atrinxera

si només dormir enganya el temps
                              dorm
allarga la nit enllà dels grills
encara que els sembrats
ja trenquin el color
i els tudons tornin a niar

amb flors a les mans ens resguardem
del fragor de la sang

ESTADO DE GUERRA

paso la mano por tu cabeza rapada

palpo el calor de tu coraje
allí donde las raíces te mortifican
y mueren como nonatos

acaricio tu piel que se enfurece
y se rebela enrojecida
contra los aguijones de dentro

es el cuerpo quien se atrinchera

si solo dormir engaña al tiempo
                              duerme
alarga la noche más allá de los grillos
aunque las sementeras
ya rompan el color
y las torcaces vuelvan a anidar

con flores en las manos
nos resguardamos del fragor de la sangre

LA TÓRTORA

la gangrena de la devastació

un rebombori ardent que no apaivaguen
les matinades fredes

salto del llit i surto camp a través
per empassar-me l'aire
que respiren els gallarets

albiro els turons blaus i familiars
                    el boscatge atapeït
que amaga els senders de la pena

la súplica de la meva mà que s'envola
com l'aleteig de la tórtora que passa
fins a la branca del teu dolor

LA TÓRTOLA

la gangrena de la devastación

un alboroto ardiente que no apaciguan
las madrugadas frías

salto de la cama y salgo campo a traviesa
para tragarme el aire
que respiran las amapolas

vislumbro las colinas azules y familiares
                    el boscaje espeso
    que esconde los senderos de la pena

la súplica de mi mano que se echa a volar
como el aleteo de la tórtola que pasa
hasta la rama de tu dolor

METÀSTASI

un malson:

a cops de volant
dallo arran la zitzània del teu cos
que incessant
              torna a néixer

METÁSTASIS

una pesadilla:

a golpes de hoz
siego de raíz la cizaña de tu cuerpo
que incesante
                                    vuelve a nacer

ELS FILLS VENEN A DINAR

vaig jurar-me que no tornaria a escriure
i tu vas i em guies la patètica mà
que es deixa fer

                              traint-me

te'n fots de l'esperó esmolat del temps
d'aquella ombra sinistra al replà
amb pudor de flors podrint-se

si parem la taula llarga del menjador
amb les estovalles de punt
la casa es remou i tremola de goig
i Déu s'espanta d'aquest amor nostre

LOS HIJOS VIENEN A COMER

me juré que no volvería a escribir
y tú vas y guías mi patética mano
que se deja hacer
                                    traicionándome

te ríes de la espuela afilada del tiempo
de aquella sombra siniestra en el rellano
con hedor de flores pudriéndose

si ponemos la mesa larga del comedor
con el mantel de punto
la casa se remueve y tiembla de gozo
y Dios se espanta de este amor nuestro

LA CACERA

potser no existeix cap abisme
                    on precipitar-se
només llesques de sediments

potser aquests dies
siguin només rèpliques anticipades
d'un darrer cataclisme
i el teu afany es perdi

la meva tristesa es dissolgui
en un cabal d'infinites tristeses
i la memòria ja no ens salvi

que l'esperança només sigui
com l'espeternec erràtic d'un conill
malferit per un tret

LA CACERÍA

puede que no exista ningún abismo
                    donde precipitarse
solo capas de sedimentos

puede que estos días
sean solo réplicas anticipadas
de un último cataclismo
y tu afán se pierda

mi tristeza se disuelva
en un caudal de infinitas tristezas
y la memoria ja no nos salve

que la esperanza solo sea
como el patalear errático de un conejo
malherido por un disparo

CAMÍ DE LA RIERA

de matinada un home i un gos
                i els carrers humits

un poema breu que malda
per tornar al gest de la rutina

a la mísera rutina enyorada
a la petita sort de cada dia

un salze desarrelat per la crescuda
que encara sobreviu mig aterrat
per sostenir el niu d'un rossinyol

CAMINO DE LA RIERA

de madrugada un hombre y un perro
                    y las calles húmedas

un poema breve que se afana
en volver al gesto de la rutina

a la mísera rutina añorada
a la pequeña suerte de cada día

un sauce desarraigado por la crecida
que aún sobrevive a medio caer
para sostener el nido de un ruiseñor

EL REIALME DELS CORCS

tens por de no sentir la metzina:

les serradures dels ossos
les escorrialles de sorra sota la pell

de com et mastega la devastació
que s'estén fins a la perifèria
i no veure totes les coses
amb aquella opacitat vidriosa
dels ulls d'un teuladí mort

però també et malfies de la benaurança
de sentir només el suau sondroll
d'una tarda impossible de calma
des d'on proseguir

EL REINO DE LA CARCOMA

tienes miedo de no notar el veneno:

el serrín de los huesos
las escurriduras de arena debajo de la piel

de cómo te mastica la devastación
que se expande hasta la periferia
y no ver todas las cosas
con aquella opacidad vidriosa
de los ojos de un gorrión muerto

pero también desconfías de la bienaventuranza
de escuchar solo el suave tambaleo
de una tarde imposible de calma
desde donde proseguir

FRED D'ESTIU

hem acomplert les promeses
que mai no ens vàrem fer
i només recordem la felicitat

la teva mà menuda perd el color
quan estreny la meva

meva és la pena:

els llavis balbs i trèmols que beso

a semblança del teu turment
deu ser esgarrifós el rostre de Déu

FRÍO DE VERANO

hemos cumplido las promesas
que nunca nos hicimos
y solo recordamos la felicidad

tu mano menuda pierde el color
cuando aprieta la mía

mía es la pena:

los labios entumecidos y trémulos que beso

a semejanza de tu tormento
debe ser espeluznante el rostro de Dios

EIXIDA DE BONSAIS

avui
       dos litres del pulmó esquerra

m'ho dius i després m'empenys
a la pau de l'eixida
on els nostres petits arbres reclouen
el temps de la indolència

sé que els plou del teu cel
i que molt enllà de tu i de mi
encara encalmaran els dies

PATIO DE BONSAIS

hoy
dos litros del pulmón izquierdo

me lo dices y luego me empujas
hacia la paz del patio
donde nuestros pequeños árboles recluyen
el tiempo de la indolencia

sé que les llueve de tu cielo
y que mucho más allá de tú y de mí
seguirán encalmando los días

UNA CASA AMB JARDÍ

no puc maleir la meva fortuna
quan els teus ulls esmorteïts
neguen la pell de plom

viure sempre dins la tempesta no és viure
però encara vas a veure ta mare
i l'abraces com no havies fet mai
i t'hi quedes a dinar

parleu dels gossos
de la feinada que li comporta el jardí
dels fets passats que ella mal recorda
de les frenètiques activitats dels nets

la deixes esbafar contra els polítics
i altre cop la tornes a abraçar

UNA CASA CON JARDÍN

no puedo maldecir mi fortuna
cuando tus ojos mortecinos
niegan la piel de plomo

vivir siempre dentro de la tormenta no es vivir
pero aún sigues visitando a tu madre
y la abrazas como nunca habías hecho
y te quedas a comer

habláis de los perros
de la cantidad de trabajo que le conlleva el jardín
de los hechos pasados que ella recuerda mal
de las frenéticas actividades de los nietos

la dejas desahogarse contra los políticos
y otra vez la vuelves a abrazar

L'ARCÀNGEL

de vegades somio una pròrroga
fins que el passat es dissol
dins la boira de l'albada tardorenca

ja és temps de pomes vermelles
de les semprevives que tornen a reverdir
sobre les teules xopes
i tu encara empenys aquesta llosa
com l'àrdua missió d'un arcàngel

ens llegim
        asexuats
            la tristesa dels ulls
incapacitats per mentir

eixalada em dones la mà
eixalat la prenc
com si fos un ocell desniat

cap a on ens guiarà ningú?

EL ARCANGEL

toda palabra es elegía de aquello que significa
Robert Hass

a veces sueño con una prorroga
hasta que el pasado se disuelve
en la niebla del alba otoñal

ya es temporada de manzanas rojas
de las siemprevivas que vuelven a reverdecer
sobre las tejas empapadas
y tú empujando aún esta losa
como la ardua misión de un arcángel

nos leemos
                    asexuados
                              la tristeza de los ojos
incapacitados para mentir

tullida me das la mano
tullido la tomo
como si fuera un pájaro caído del nido

¿hacia dónde nos guiará nadie?

CALENDARI SENSE FESTIUS

la mirada compassiva i desolada
i les mans que per si mateixes
prenen vida i es busquen
com aquells talps glabres i cecs

al capdavall en resta el calze nu
i els pètals marcits per terra:

paraules exhaustes de fer quotidià
el teu sord gemec

la percepció d'un mal dia infinit

un murmuri sense esma
que torna a dir que s'ha fet tard

CALENDARIO SIN FESTIVOS

la mirada compasiva y desolada
y las manos que por sí mismas
toman vida y se buscan
como aquellos topos glabros y ciegos

después de todo solo queda
el cáliz desnudo
y los pétalos marchitos por tierra:

palabras exhaustas de hacer cotidiano
tu sordo quejido

la percepción de un mal día infinito

un murmullo sin aliento
que vuelve a decir que se ha hecho tarde

L'AURÓ

El brillo nunca cesa.
Clive James
(traducció de Luis Castellví Laukamp)

periscopi de la tenebra
no deixaràs mai de perseguir la llum
i beure glops d'humitats freàtiques

d'estremir-te les mans menudes
just abans dels sismes

d'ablamar-te els pòmuls enfebrats
en el tombant del dia

encara
    enrogit i xop de rosada
dins els teus ulls hi tremola un auró

EL ARCE

El brillo nunca cesa.
Clive James
(traducció de Luis Castellví Laukamp)

periscopio de la tiniebla
nunca dejarás de perseguir la luz
y beber sorbos de humedades freáticas

de estremecerte las manos menudas
justo antes de los sismos

de encenderte los pómulos febriles
al atardecer

aún
        enrojecido y empapado de rocío
en tus ojos tiembla un arce

TORNA PÄIJÄNNE

escribir es como llorar
Selva Casal

ara
            que ja soc aprenent avantatjós
de la perennitat del plor

que cada matinada
                        escrupolosament
miro de no esclafar els caragols
que la llum primera encalça
en el camí cap a la feina

que els morts invulnerables
em parlen d'amor
quan els demano una treva

i des de totes les blavors
el nostre llac ens reclama

VUELVE PÄIJÄNNE

escribir es como llorar
Selva Casal

ahora
que soy aprendiz ventajoso
de la perennidad del llanto

que cada madrugada
                    escrupulosamente
procuro no aplastar los caracoles
que atrapa la luz primera
en el camino hacia el trabajo

que los muertos invulnerables
me hablan de amor
cuando les pido una tregua

y desde todos los azules
nuestro lago nos reclama

ELS MOSQUITS ET DEFUGEN

y la verdad es que no vale la pena morirse
Ivo maldonado

ells et diuen que mai no et guariràs
però et poden rellogar el temps
amb pocions dins les venes

amb aquest llast
et llevaràs tots els teus matins
i agrairàs el dolor somort que t'ho recorda
encara que sigui inhòspit i fosc
com les nits glaçades de gener

mai no et guariràs
                    ells sentencien
però tu els desmenteixes

LOS MOSQUITOS TE REHÚYEN

y la verdad es que no vale la pena morirse
Ivo maldonado

ellos te dicen que nunca sanarás
pero te pueden realquilar el tiempo
con pociones en las venas

con este lastre
te levantarás todas tus mañanas
y agradecerás el dolor latente que te lo recuerda
aunque sea inhóspito y obscuro
como las noches heladas de enero

nunca sanarás
        ellos sentencian
pero tú los desmientes

EL CEL D'AGOST

agostegeu
        tu i els marges
i els camps despullats de la collita

el teu silenci i el del terròs clamen al cel
per quatre gotes de misericòrdia

llarga espera

tot és rostoll
i passen els núvols vel·leïtosos
que dibuixen encluses imponents
i conills de cotó
                    recordes?

quan la teva ànima estigui a punt d'apagar-se
surt
        mira el cel

són les teves paraules.

EL CIELO DE AGOSTO

agostáis
tú y los ribazos
y los campos desnudos de la cosecha

tu silencio y el del terruño claman al cielo
por cuatro gotas de misericordia

larga espera

todo es rastrojo
y pasan las nubes veleidosas
dibujando inclusas imponentes
y conejos de algodón

                              ¿recuerdas?

cuando tu alma esté a punto de apagarse
sal
        mira el cielo

son tus palabras

TERRA FERMA

encara hi ha dies feliços per recordar

encara alguns amics per retrobar
que no pregunten gaire
i tu
        desinhibida
                els ho expliques tot
com quan tornàvem de vacances

encara la tardor i el teu somriure
i cada matí la mateixa pregunta

la mateixa pregunta quan apago
el llum per anar al llit
quan em desperto de sobte tremolant
amb la certesa de no trobar mai més
terra ferma sota els peus

TIERRA FIRME

aún existen días felices que recordar

aún algunos amigos que encontrar de nuevo
que no preguntan mucho
y tú
       desinhibida
                 les cuentas todo
como cuando regresábamos de vacaciones

aún el otoño y tu sonrisa
y cada madrugada la misma pregunta

la misma pregunta cuando apago
la luz al acostarme
cuando de repente me despierto temblando
con la certeza de no pisar nunca más
tierra firme

DEU MESOS

res no brilla com abans

no hi ha aquell ressort a les cames
ni tampoc a l'ànima

perds l'alè només en el propòsit
i convoques la memòria de les derrotes
per no perdre cap detall

tens la certesa del veritable infern
i calles
            i deixes parlar beneiteries

a tocar d'ara hi ha el després:

taxa de supervivència
                        en diuen

DIEZ MESES

nada brilla como antes

no existe aquel resorte en las piernas
ni en el alma

pierdes el aliento solo en el propósito
y convocas la memoria de las derrotas
para no perder detalle

tienes la certeza del verdadero infierno
y callas
y dejas hablar simplezas

muy cerca del ahora hay el después:

tasa de supervivencia
le llaman

INTENT INFRUCTUÓS DE LLEVAR-TE

només se't veu la coroneta
de cabells curtíssims i blancs
i el volum d'un cos petit
arronsat sota la vànova

així et miro des de la porta
i tan sols em tornen la mirada
les pupil·les de la gata
que mandreja dins el càlid niu
rere els teus genolls doblats

potser escoltes
                                    immòbil
el meu tímid anunci
amb veu petita:

que el sol ja cau vertical
que les flors blaves de la jove altea
com de paper rebregat
per fi s'han desclòs a l'eixida!

potser m'escoltes
però no et mous
                                    ni dius res

INTENTO INFRUCTUOSO DE LEVANTARTE

solo se te ve la coronilla
de cabellos muy cortos y blancos
y el volumen de un cuerpo pequeño
encogido debajo de la colcha

así te miro desde la puerta
y solo me devuelven la mirada
las pupilas de la gata
que holgazanea en el cálido nido
detrás de tus rodillas dobladas

puede que escuches
                              inmóvil
mi tímido anuncio
en voz baja:

¡que el sol ya cae vertical
que las flores azules de la joven altea
como de papel arrugado
por fin se han abierto en el patio!

puede que me escuches
pero no te mueves
                              ni dices nada

A LES PALPENTES

cada una va ayudar a la otra a vivir,
Adrienne Rich
(traducció de Sandra Toro)

dic que vaig triar viure amb tu
i matar de fam la tristesa

¿qui va triar per nosaltres
aquesta llum esmorteïda
aquest no viure per sempre
on t'aferres
desesperadament
a qualsevol record que passa?

A TIENTAS

cada una va ayudar a la otra a vivir,
Adrienne Rich
(traducció de Sandra Toro)

digo que escogí vivir contigo
y matar de hambre la tristeza

¿quién escogió por nosotros
esta luz mortecina
este no vivir para siempre
donde te aferras
                desesperadamente
a cualquier recuerdo que pasa?

TERMÒMETRE

dins el niu de l'esperança
també hi covo la por

dins les mateixes nits
que menen a les mateixes albes
on la malaltissa visió d'un final
empudega el consol

tot perd el sentit indiscutible
i no hi ha prou mans ni llavis
per tapar les esquerdes
on degota un temps
dens i tòxic com el mercuri

TERMÓMETRO

en el mismo nido de la esperanza
también incubo el miedo

en las mismas noches
que llevan a las mismas madrugadas
donde la enfermiza visión de un final
apesta el consuelo

todo pierde el sentido indiscutible
y no hay suficientes manos ni labios
para sellar las grietas
donde gotea un tiempo
denso y tóxico como el mercurio

ELOGI AL CORATGE

cada dit un sant llàtzer
amortallat amb gasa

tecles grogues les ungles
                    purulentes

tèrmits conquerint territori
                 clavillar amunt

com paper de fumar
s'esparraca pel dors
la pell de les mans

i encara somrius
          i em dius
que dec estar cansat de treballar tant

ELOGIO AL CORAJE

cada dedo un san lázaro
amortajado con gasa

teclas amarillas las uñas
                    purulentas

termitas conquistando territorio
                    tobillos arriba

como el papel de un cigarrillo
se desgarra por el dorso
la piel de las manos

y aún sonríes
y me dices
que debo de estar cansado de tanto trabajar

SUBURBI

aquest dolor intrús
                    —el meu—
                    satèl·lit mut
que et gravita

fill legítim de la por

degoteig sobre un ull sense parpella

corc ferotge que mastega la memòria
com si fos la fusta oculta d'un calaix
o la creu d'un vell santcrist

les serradures

un guaret on el ponent minva l'herbassar

aquesta pena
                    —la meva unitat de pes infinit—
m'escola
sense més importància

del gra el boll
que el vent escampa

SUBURBIO

este dolor intruso
                    —el mío—
            satélite mudo
que te gravita

hijo legítimo del miedo

goteo sobre un ojo sin párpado

carcoma feroz que mastica la memoria
como si fuera la madera oculta de un cajón
o la cruz de un viejo santo cristo

el serrín

un barbecho donde el poniente mengua el herbazal

esta pena
            —mi unidad de peso infinito—
me desangra
sin más importancia

del grano el cascabillo
que esparce el viento

NIT D'HOSPITAL

> *Quan els vents agafen els boscos per les potes*
> *calla l'univers.*
> Emily Dickinson (traducció de Marcel Riera)

la rella destrempada
de tant esgarrapar la terra gelada

el cordill d'espart
que sega les potes de l'aviram

el gaiato del vent
que revincla el coll de l'assossec

el so del pampallugueig d'un florescent

l'acer del silenci d'un passadís

NOCHE DE HOSPITAL

Quan els vents agafen els boscos per les potes
calla l'univers.
Emily Dickinson (traducció de Marcel Riera)

la reja destemplada
de tanto arañar la tierra helada

el cordel de esparto
que siega las patas del averío

la gayata del viento
que retuerce el cuello del sosiego

el sonido de las chiribitas de un fluorescente

el silencio de acero de un pasillo

L'HOSTE

ets tu el teu cos
                  i no ho ets
quan aquest vol emprendre l'oblit

casa nostra amb degoters
de versos muts:

silenci ensutjat de vent
amb fulles podrides

pluja repicant
sobre el terrat de la tarda

ets el teu cos derrotat
quan t'acompanya per dolços somnis

i no ho ets quan t'abandona

EL HUÉSPED

eres tú tu cuerpo
                    y no lo eres
cuando este quiere emprender el olvido

nuestra casa con goteras
de versos mudos:

silencio tiznado de viento
con hojas podridas

lluvia repicando
sobre el terrado de la tarde

eres tu cuerpo derrotado
cuando te acompaña por dulces sueños

y no lo eres cuando te abandona

LLENGUA MORTA

el pare enllitat vol adormir-se
per no retornar

                              insisteix
però ell i el cos
mai no s'han entès

ella escolta el seu cos tossut
i li repeteix
en una llengua apresa enlloc:

encara no
                        encara no

LENGUA MUERTA

mi padre en cama quiere dormirse
para no regresar

                insiste
pero él y el cuerpo
nunca se han entendido

ella escucha su tozudo cuerpo
y le repite
en una lengua aprendida en ninguna parte:

aún no
         aún no

EN UN PIS A L'INFRAMON

la terra et té fam
                va dir el santer

que unes mans joves cavin un clot

sadolla la terra amb vianda
i sembra-la a eixam

fruita també per la mar
                           a la posta
  amb la pell esborronada

d'un sol cop
esberla un coco al cancell de casa
i dona llum als teus morts

segur que ells t'ho agrairan

EN UN PISO EN EL INFRAMUNDO

la tierra tiene hambre de ti

                      dijo el santero

que unas manos jóvenes excaven un hoyo

harta la tierra con vianda
y siémbrala a voleo

fruta también para el mar

                        al atardecer
con el vello de punta

de un solo golpe
parte un coco en el cancel de casa
y da luz a tus muertos

seguro que ellos te lo agradecerán

DONES DE FOC

A l'Esther Tenedor Solsona

el fill de l'Anna no va néixer

per a l'Elisabet ja no hi ha hagut més albes
ni nadals
                    ni pluges de setembre
només flors

les vas conèixer a la sala d'espera
veïnes de llit un cop per setmana

belles de tan valentes
fetes de terra amb subtileses roents
a les vores de l'ànima

mirant sense mirar
                    abans de tornar a casa
amb un somrís us confessàreu la por

MUJERES DE FUEGO

A Esther Tenedor Solsona

el hijo de Anna no nació

para Elisabet no ha habido más madrugadas
ni navidades
                         ni lluvias de setiembre
solo flores

las conociste en la sala de espera
vecinas de cama una vez por semana

bellas de tan valientes
hechas de tierra con sutilezas candentes
en los bordes del alma

mirando sin mirar
                         antes de regresar a casa
con una sonrisa os confesasteis el miedo

CUSTODI

Ulisses va dir a Polifem que s'anomenava Ningú,
i Argos era el nom del seu gos.
Agustí Bartra

només ell podia subornar el temps
i va furtar el teu fat
quan va marxar

encara l'intueixo a casa:
la mirada pietosa

                      la tarda:
la meva mà era el seu coixí

la felicitat del son
                la pau

saps si els àngels ronquen?

ara
posseït per aquella alegria dels beneits
a tothora et sobrevola

CUSTODIO

Ulisses va dir a Polifem que s'anomenava Ningú,
i Argos era el nom del seu gos.

Agustí Bartra

solo él podía sobornar el tiempo
y hurtó tu sino
cuando se fue

aún lo intuyo en casa:
la mirada piadosa

                la tarde:
mi mano era su almohada

la felicidad del sueño
               la paz

¿sabes si los ángeles roncan?

ahora
poseído por aquella alegría de los benditos
a todas horas te sobrevuela

LA DONA SAVINA

i al caire la savina tortuosa
trabocada al cingle
on només les quimeres s'envolen

revinclada en si mateixa
com un filaberquí incorrupte

blanca pel sol
                    i la gúbia del vent

amb una tossuda veta de saba
que repta per les clivelles
                    de la fusta morta
fins a la volta encara verda
embullada d'aspra tendresa

LA MUJER SABINA

en el filo la sabina tortuosa
asomada al risco
donde solo las quimeras se echan a volar

retorcida en sí misma
como un berbiquí incorrupto

blanca por el sol
                    y la gubia del viento

con una terca veta de savia
que repta por las grietas
                    de la madera muerta
hasta la bóveda aún verde
embrollada de áspera ternura

EN UN IMANT DE NEVERA

> *no es morir*
> *lo que apremia*
> Lola Andrés

cerca l'aiguaneix
              modifica'n el curs

remou la pesada roca que s'alzina
                    entre tu i la vida

reclama els dies que et pertanyen

acompleix la trèmula paraula:
el xiuxiueig incessant de l'ànima

deixa a les meves mans la teva por
per engreixar la meva
                    ja enaiguada

altre cop llegeix el que hem escrit
i llavors oblida-ho tot

EN UN IMAN DE NEVERA

no es morir
lo que apremia
Lola Andrés

busca el manantial
            modifica su curso

remueve la pesada roca que se alza
                entre tú y la vida

reclama los días que te pertenecen

cumple la trémula palabra:
el incesante susurro del alma

deja en mis manos tu miedo
para engrosar el mío
                ya anegado

lee otra vez lo que hemos escrito
y entonces olvídalo todo

CONDOL

comentari del text
dos punts:

la vida continua
                    en general
grollerament continua
                a l'engròs

CONDOLENCIA

comentario de texto
dos puntos:

la vida continua
                    en general
groseramente continua
                    al por mayor

A BOCAFOSCANT

desfer la fulla d'acer del dubte
a força d'anar fregant
amb el tou dels dits
                              fins a encetar-los

fit a fit amb l'àngel bellíssim
que assenyala els sangtraïts del crepuscle
sobre la crueltat d'estimar

només hi ha un miracle
que es repeteix cada matí

AL ANOCHECER

deshacer la hoja de acero de la duda
a fuerza de frotar
con la yema de los dedos

                hasta llagarlos

cara a cara con el ángel bellísimo
que señala los morados del crepúsculo
sobre la crueldad de amar

solo existe un milagro
que se repite cada madrugada

EL RASTREJADOR

a Pablo Eguren
Sé que estamos muertos
porque el tiempo no importa.
Selva Casal

ningú no ho sabrà

per les petges no es coneix la bèstia
només el seu pas

el temps:
l'espai que rabeja la por

més que nosaltres és la pluja
el sol sobre les capçades
l'herba i el brunzit de les abelles

la poesia de les coses

tot el que estimem quedarà
com si ara ja no hi fóssim

Desembre 2020, novembre 2022.

EL RASTREADOR

a Pablo Eguren
Sé que estamos muertos
porque el tiempo no importa.
Selva Casal

nadie lo sabrá

por las huellas no se conoce el animal
solo sus pasos

el tiempo:
el espacio que ceba al miedo

más que nosotros es la lluvia
el sol sobre las copas de los árboles
la hierba y el murmullo de las abejas

la poesía de las cosas

todo lo que amamos quedará
como si ahora ya no estuviéramos

Desembre 2020, novembre 2022.

ICH BIN DER REGEN

and bare feet
i amb els peus descalços
Seamus Heaney

recer secret de l'atzar
Tomeu Caldentey Julià

Soc la pluja. Els esclops damunt del fang. La petja. El so de la fusta. El tèrmit. Que no pot dormir. I balbuceja el clapoteig dels dits. L'aigua i el fem. Soc el cap del conill que l'ombra dibuixa. El mur. La mà. La llebre de la felicitat domèstica: Cal·ligrafia: Del bosc: De núvols: On la fulla de la destral: La plata de l'estrèpit. La pedra megalítica. Circular. Els focs de juny. Al ras. Les ofrenes a les deïtats tutelars. El pa àzim. El silenci del dolor. Les síl·labes resplendents de la por. La muntanya somnolenta. Que capcineja el làrix i la roca pelada. El trèmol. El vesc. De la bona sort. Les baies. Els mapes dels cercles. Del cos. El blanc corporal. Damunt l'altar. El calze. La sagrada forma. El bec groc de l'esmerla entre els circells. De la vinya. El crit intens. L'ou blau-verd-gris. Dins la copel·la. De la vida. La cànula. La branca olorosa del xiprer. En tallar-la. El somni de somiar una planícia de llum. A compte. Abans d'hora. L'O que flota. Corona. Lluent. Damunt del cap. Sota el prat de les estrelles. El ritme del batec. La llana. La torre d'aigua amb el nom de l'atzar inscrit. Els grans de la balança. Cap amunt i cap avall. El mot que atura el vendaval en una altra geografia: La galerna. El cercle de pedres als peus del puput metàl·lic. *Ich bin der Regen*, murmure. Soc la pluja. La nuesa del vent que et despulla. La neu a l'altre costat del poema. *Das ist gar nicht schwer*. No és gens difícil. Ploure's al dessobre. Enfarinar-se l'esquelet. Cartografiar les terres de la pròpia existència. Els llacs de l'ànima. Els turons de la quietud submergits en la retina del paisatge. *Ich bin der Schnee*: Soc la neu, Thomas Eckart, la serra emblanquinada. Pacient. Com un andragó. Quiet. A l'aguait de l'insecte. Al sostre blanc. De la terrassa de l'estiu. Amb el motor que ha de pujar l'aigua. I ara calla. Res no se sent. Ni la remor sorda del rusc. Ni la mateixa absència. Ni la llàgrima ofegada. *Ich bin der Hagel*: Soc la calamarsada, Inga Humpe, que cau damunt del més amunt. Sobre l'argila cuita de la teula. Sobre el tresor del temps. El llambreig de les gemmes. D'un altre món. L'esfera de glaç. El flat del cuc. Que la musaranya ensuma. Com una falsa primavera. L'hort. La bassa. El rajolí d'aigua. El llepó. La granota que rauca i s'hi capbussa. El brum del trànsit de l'autopista. Com una pluja horitzontal de bales. El verí guaridor. De les tempestes. La gramàtica de les fiblades. L'ordre. La latitud. L'estructura del seu adveniment. Resseguir el seu curs corpori. Anticipar-se. Ara aniran per ací. Ara es mouen per altres orografies. Com vespes terrissaires. Escriure atzar damunt el verd de les pastures. Niu i tudó. Cérvola i rieró. La tija corbada d'agullons. De la gerdera. El martell que marca el ritme del cor. Que s'aploma. L'eco. L'altre eco. De la trinxera. Del cos. El son del son a galop. El lloc del platí. El sègol que germina a la planura còncava. De la caixa cranial. L'espai buit. L'espai que només conté l'espai. El recipient de la pena. L'enlloc radiant. Del silenci. L'aspre mercuri. Tot comença ara. La sénia. Els catúfols. La roda hidràulica. L'arada. Els solcs. Les estovalles de punt com un talismà. Celístia que il·lumina la casa. El camí. Les mores àcides de l'esbarzer. Les membranes del dir. La seua corfa carbonada. Que ens conhorta. Que escalfa el desordre de l'ànim. Que fa marrada i torna lluminós. I sembra el pinyol. De l'olivera. Que llucarà. Sota els planetes. Que s'arrosseguen per les planes del firmament. Com lents escarabats irisats. Esquifs de l'aire. La calma i la basarda. El conreu de l'avenir. Pesant. De plom. La bombeta encesa enmig de la clariana. Amb els crits dels ocells nocturns. Amb els gemecs. Amb la febre. Amb els ulls del pànic. Amb les corol·les hospitalàries. Al límit del fred. Immergir-se en la nit. Que crema. Treure el cap. Surar. Tancar els ulls i girar amb les esferes de l'altra esfera. Amb el sol que es desploma al mig del temps sobre les pàl·lides flors del malví. Res no es mou. I tot es mou. El garbell. El cèrcol. La malla metàl·lica. La pellofa inerta de la paraula. Que no dius. A l'hora enverinada. L'oneig de l'ésser. Que arriba a la costa. I retorna. Al refugi de les extenses praderies. On la mola d'espets. On les algues dels vidriers. Amb el coratge. Humil. De les bèsties. L'interior sagrat de la ferida. Que mostres. La pell. El taní. La resina. El paper de vidre. L'arena de quars. La bella fusta polida. La fam dels tèrmits. Amb la llanterna minera que il·lumina les foradades corpòries. El fluorescent que titil·la al sostre de la nit. Com una cuca de llum. El tall esmolat del silenci. Que tragines pels corredors. Amunt i avall. Amb els serveis fluvials. Que arrossegues. El record de l'oblit. La pluja. Els nombres de l'ombra líquida.

Que grinyola. Com un llop. Al cim del turó. Vora el jardí de les oliveres. L'enlloc de l'orb. Encara no. Savina. Terra artigada. Raïm fosc. Peix viatger que remunta el riu. Fres de l'arcàngel. Martinet blanc. Ous blavissos al niu del canyissar.

Joan Navarro
Vil·la Maria, Oliva, 8 d'agost de 2023

ICH BIN DER REGEN

and bare feet
y con los pies descalzos
Seamus Heaney

recer secret de l'atzar
refugio secreto del azar
Tomeu Caldentey Julià

Soy la lluvia. Los zoclos sobre el fango. La huella. El sonido de la madera. La termita. Que no puede dormir. Y balbucea el chapoteo de los dedos. El agua y el estiércol. Soy la cabeza del conejo que la sombra dibuja. El muro. La mano. La liebre de la felicidad doméstica: Caligrafía: Del bosque: De nubes: Donde la hoja del hacha: La plata del estrépito. La piedra megalítica. Circular. Los fuegos de junio. Al raso. Las ofrendas a las deidades tutelares. El pan ázimo. El silencio del dolor. Las sílabas resplandecientes del miedo. La montaña somnolienta. Que cabecea el lárice y la roca pelada. El álamo temblón. El muérdago. De la buena suerte. Las bayas. Los mapas de los círculos. Del cuerpo. El blanco corporal. Sobre el altar. El cáliz. La sagrada forma. El pico amarillo del mirlo entre los zarcillos. De la viña. El grito intenso. El huevo azul-verde-gris. En la copela. De la vida. La cánula. La rama olorosa del ciprés. Al cortarla. El sueño de soñar una planicie de luz. A cuenta. Antes de hora. La O que flota. Corona. Reluciente. Sobre la cabeza. Bajo el prado de las estrellas. El ritmo del latido. La lana. La torre de agua con el nombre del azar inscrito. Los granos de la balanza. Hacia arriba y hacia abajo. La palabra que detiene el vendaval en otra geografía: La galerna. El círculo de piedras a los pies de la abubilla metálica. *Ich bin der Regen*, murmuro. Soy la lluvia. La desnudez del viento que te desviste. La nieve al otro lado del poema. *Das ist gar nicht schwer*. No es nada difícil. Lloverse encima. Enharinarse el esqueleto. Cartografiar las tierras de la propia existencia. Los lagos del alma. Las colinas de la quietud sumergidas en la retina del paisaje. *Ich bin der Schnee*: Soy la nieve, Thomas Eckart, la sierra enjalbegada. Paciente. Como una salamanquesa. Quieta. Al acecho del insecto. En el techo blanco. De la terraza del verano. Con el motor que ha de subir el agua. Y ahora calla. Nada se oye. Ni el zumbido de la colmena. Ni la misma ausencia. Ni la lágrima ahogada. *Ich bin der Hagel*: Soy la granizada, Inga Humpe, que cae sobre el desván. Sobre la arcilla cocida de la teja. Sobre el tesoro del tiempo. La reverberación de las gemas. De otro mundo. La esfera de frío. El rastro oloroso del gusano Que la musaraña huele. Como una falsa primavera. El huerto. La balsa. El chorrito de agua. El verdín. La rana que croa y se zambulle. El rumor sordo de la autopista. Como una lluvia horizontal de balas. El veneno sanador. De las tormentas. La gramática de las punzadas. El orden. La latitud. La estructura de su advenimiento. Reseguir su curso corpóreo. Anticiparse. Ahora irán por aquí. Ahora se mueven por otras orografías. Como avispas alfareras. Escribir azar sobre el verde de los pastos. Nido y paloma torcaz. Cierva y regajo. El tallo curvado de aguijones. De la frambuesa. El martillo que marca el ritmo del corazón. Que cae fulminado. El eco.

El otro eco. De la trinchera. Del cuerpo. El sueño del sueño a galope. El lugar del platino. El centeno que germina en la llanura cóncava. De la caja craneal. El espacio vacío. El espacio que solo contiene el espacio. El recipiente de la pena. El no-lugar radiante. Del silencio. El áspero mercurio. Todo comienza ahora. La noria. Los arcaduces. La rueda hidráulica. El arado. Los surcos. Los manteles de punto como un talismán. El resplandor de las estrellas que ilumina la casa. El camino. Las moras ácidas de la zarza. Las membranas del decir. Su cáscara carbonada. Que nos conforta. Que calienta el desorden del ánimo. Que da un rodeo y vuelve luminoso. Y siembra el hueso. Del olivo. Que echará brotes. Bajo los planetas. Que se arrastran por los llanos del firmamento. Como lentos escarabajos irisados. Esquifes del aire. La calma y el temor. El cultivo del porvenir. Pesado. De plomo. La bombilla encendida en medio del claro del bosque. Con los gritos de los pájaros nocturnos. Con los quejidos. Con la fiebre. Con los ojos del pánico. Con las corolas hospitalarias. Al límite del frío. Sumergirse en la noche. Que arde. Sacar la cabeza. Flotar. Cerrar los ojos y girar con las esferas de la otra esfera. Con el sol que se desploma a mitad del tiempo sobre las pálidas flores del malvavisco. Nada se mueve. Y todo se mueve. La criba. El aro. La malla metálica. La cáscara inerte de la palabra, Que no dices. En la hora envenenada. El oleaje del ser. Que arriba a la costa. Y retorna. Al refugio de las extensas praderas. Donde el cardumen de espetones. Donde las posidonias. Con el coraje. Humilde. De las bestias. El interior sagrado de la herida. Que muestras. La piel. El tanino. La resina. El papel de lija. La arena de cuarzo. La bella madera pulida. El hambre de las termitas. Con la linterna minera que ilumina los túneles corpóreos. El fluorescente que titila en el techo de la noche. Como una luciérnaga. El corte afilado del silencio. Que trajinas por los pasillos. Arriba y abajo. Con los servicios fluviales. Que llevas a rastras. El recuerdo del olvido. La lluvia. Los números de la sombra líquida. Que da gañidos. Como un lobo. En la cima de la colina. Junto al jardín de los olivos. El no-lugar del huérfano. Aún no. Sabina. Tierra artigada. Uva oscura. Pez viajero que remonta el río. Desovadero del arcángel. Garceta. Huevos azulados en el nido del cañaveral.

Joan Navarro
Vil·la Maria, Oliva, 8 de agosto de 2023

Traducción: Joan Navarro

LA FELICITAT
LA FELICIDAD

Pàgs. 8-9

LA POR DE LA DALLA
EL MIEDO DE LA GUADAÑA

Pàgs. 14-15

LA LLENGUA DELS SAVIS
LA LENGUA DE LOS SABIOS

Pàgs. 16-17

EL TEU SOMNI AMERICÀ
TU SUEŃO AMERICANO

Pàgs. 20-21

ESTAT DE GUERRA
ESTADO DE GUERRA

Pàgs. 40-41

UNA CASA AMB JARDÍ
UNA CASA CON JARDÍN

Pàgs. 58-59

TERRA FERMA
TIERRA FIRME

Pàgs. 72-73

Agraïments

A l'Esther Tenedor, autora de l' excel·lent obra pictòrica que
   il·lustra la portada i alguns poemes.
   Per la seva sensibilitat i implicació.

Al Quim Dasquens, autor de les fotografies d'aquestes obres.
   Per la seva mirada a través de la lent d'un gran fotògraf.

Al Carles Cervelló, sol·lícit editor. Sempre aplanant el camí.